तल्ख़िया

अरविन्द

Made with ♥ on the Notion Press Platform
www.notionpress.com

क्रम-सूची

क्रम-सूची

क्रम-सूची

प्रस्तावना

ज़िन्दगी हमेशा ख़ुशी नहीं देती,

पिछले कुछ साल अच्छे नहीं गए, बहुत अँधेरा देखा हमने।

कुछ काम ऐसे किये जो करने ही थे, सही भी थे, पर हमारी नींदे छिन गयी।

पर विपरीत वक़्त में पता चलता है की कौन किस हद तक आपके लिए हैं।

खुश रहना है तो उम्मीद मत करो, खुद से भी और खुदा से भी।

वो कहते है ना...

उनके बदलने की हैरत नहीं है दोस्त...

हम तो अपने यक़ीन पे शर्मिंदा हैं।।

खुद को उन अंधेरो से निकलने में काफी वक़्त लगा, इन हालातों ने हमे काफी "तल्ख़" बना दिया था .. या शायद ... है ।।

कुछ "तल्ख़िया" ... हमारे शब्दों में।

परिचय

अरविन्द नाम है हमारा, हम कोई कवि या शायर नहीं हैं , बस
मैं में जो आता है, कागज़ पे उतार देते हैं।
अच्छा लगता है ऐसा करना।

वो क्या है ना ....

सुकून मिलता है शायरी को कागज़ पे उतार कर ...
की चीख भी लेता हूँ और आवाज़ भी नहीं होती।

तो बस, ऐसे ही कुछ चीखें पेशे हैं।

1. ... तल्ख़िया ...

संभाल कर बोलो, बात दूर तक जाएगी ।
कुछ बाते भुला दी जाएगी, कुछ शायद...चुभ जायेगी ।।
कहने में कुछ नही जाता किसी से, बस कह दिया...
शिकायते शायद मिट जाए, तल्ख़ियां रह जायेगी ।।

2. ... होना चाहिए ...

तुझेहै... तोउसेभीजरूरहोनाचाहिए ...
इश्कहोतोजाहिरनाहो,
इतनाभीनहींमजबूरहोनाचाहिए।।
तूफक्तएककतराहै... उसकेजहांमें, माना ...
फिरभीतुझेतेरेहोनेकागुरूरहोनाचाहिए।।
शिर्फ़ज़हरपीनेसेकुछनहींहोतामेरेदोस्त...
कीमरनातेराखुदाकोभीमंजूरहोनाचाहिए।।

3. ... थोड़ा परेशान ...

क्या ढूंढू उस खुदा को...
की खुद से ही अंजान हूं मैं ।।
अब कहने को बाक़ी कुछ भी नहीं...
अपने जज्बातों का शमशान हूं मैं ।।
एहशान करो, छोड़ो हमें...
पूछो भी मत कैसा हूं।।
क्या कहें...
अब अपने हाल से भी वाकिफ हम नहीं...
गैरो से सुना हैं... थोड़ा परेशान हूं मैं ।।

4. ... हर रोज़ ...

मेरे ख्वाबों का जाने उसको कौन पता देता है ...
दर्द... अक्सर आ कर हमें नींदों से जागा देता है ।।
हर रोज़ मरते हैं हम जीने की ख्वाहिश में ...
हर रोज़ कोई हमें दफना देता हैं ।।
वो शक्श जो चुप चाप सा रहता आज कल ...
दर्द जब भी होता है उसको... बस मुस्कुरा देता है ।।
अब नहीं करता वो शिकायत किसी से भी ...
कोई उसको भूले... उससे पहले वो ही सब...
भुला देता है ।।।
बस... मुस्कुरा देता है ।।

5. ... नहीं हुआ ...

मैं खुद के भी काबिल नहीं हुआ...
लड़ता रहा पर मैं पागल नहीं हुआ ।।
वो बात थोड़ी पुरानी सी है ...
जो हुआ वो आज कल नहीं हुआ ।।
नींदे गवां राक्खी थी जिस ख्वाब के लिए...
नींद भी गई... और ख्वाब भी मुकम्मल नही हुआ ।।
अब और क्या कहें... बस इतनी सी बात है ...
मांगता रहा जिन बेगैरतों से दोस्त का खिताब ...
मैं दोस्तो में क्या... उनके दुश्मनों में भी शामिल नहीं हुआ
।।

6. ... एक दिन और ...

एक दिन और .. यू ही गुजर गया ...
जिसका घर था, वो वापस अपने घर गया ।।
कोई तो आज भी लड़ता रहा अपने नसीब से ...
कोई शायद मुसीबतों से थोड़ा डर गया ।।
वो कितने वक्त से खामोश सा बैठा है तन्हाई में ...
कोई नब्ज तो देखो...
जिंदगी से हार गया है शायद, अब वो मर गया ।।
वक्त के ही जैसा था वो शक्श...
गुजरना ही था उसको... आज गुजर गया ।।

7. ... गलत मैं ...

मिलते नहीं, कुछ कहते भी नही...
क्यों भला??
क्या कहें... तेरी नजरों में...
साबित गलत होता हर बार हूं मैं ।।
जो कभी खत्म नहीं होने वाला...
वो बेइंतिहा इंतजार हू मैं ।।
बेमतलब, बेवजह सा... बेकार है हम ...
खुद अपनी ही कहानी में ...
गैर जरूरी सा किरदार हू मैं।।

8. ... तेरी कीमत ...

मिलने आए थे कुछ वक्त को...
रुके तो फज़र को गए ।।
जब वक्त पे घर ना पहुंचे तो सब ढूंढते है...
गए तो किधर को गए ।।
वो बेमतलब सा शक्स कितनी अहमियत रखता था...
कितनो की जिंदगी में... अब जाना ।।
एक पेड़ क्या गिरा, कितने परिंदे बेघर हो गए ।।

You are important.... even you don't realise it.

9. ... रह जाता हूँ ...

जज्बातों का तूफान आंखों में लिए ...
तूफानों में बह जाता हूं ।।
उम्मीदों की ऊंची मिनारे बनाता जरूर हूं...
पर कच्ची दीवार सा ढह जाता हूं ।।
ना जाने कितनी बातें कहते कहते.. रह जाता हूं।।
सच ही है, बदल गया हूं मैं..
जिन बातों पे लड़ लेता था तुझसे...
अब इन बातों को सह जाता हूं।।

10. ... मोहलत ...

मशहूर बहुत हैं किस्से हमारे,
पर हमें कोई नही जनता...
काश... हिस्से हमारे थोड़ी शोहरत भी होती ।।
वक्त बिताना साथ में खूब भाता था उनको...
पर दूरियां ना आती गर साथ देने की चाहत भी होती ।।
अजीब चल रहे है रिश्ते आज के दौर में...
फुर्सत सबको है, काश...
किसी के पास थोड़ी मोहलत भी होती ।।

11. ... शोर ...

कुछ सुनाई नहीं देता है, कौन अपना कौन पराया...
दुनिया में बहुत... बहुत शोर हैं।।
लोग दिल बहुत लगाते है, पर दिल से नही लगाते ..
आज कल बस ऐसा ही कुछ दौर है ।।
याद रखना ...
दिल में रहने वाले ही तोड़ेंगे तेरे दिल को...
गैरो को क्या मालूम,
तेरे दिल की दीवारें कहां से कमज़ोर है ।।

12. ... गुज़र गए ...

जिनको अपना समझते हैं,
उनको भी अपनाने से डर जाते हैं।।
टूट जाना कोई बड़ी बात नहीं...
पर इतना टूटते है की बस... बिखर जाते हैं।।
हालत सबके एक से नहीं रहते ...
कुछ लड़ लेते है अपने हालातो से..
इस लड़ाई में ... ज़िंदा तो रहते हैं...
लेकिन ... बस गुजर जाते हैं।।
शान से आंखो में बसने वाले,
शाम तक नजरों से उतर जाते है...
हम अक्सर इतने समझौतों पे जीते है...
की असल में मर जाते हैं।।

13. ... ये दुनिया ...

आग लगे कभी... तो खूब हवा देती है ...
तेरी औकात क्या है... पल में बता देती है ।।
तेरे बेनी कहती है की मेरा कोई वजूद नहीं है ..
ये दुनिया... दुनिया पल में भुला देती है ।।
तो.. एक मशवरा है दोस्त... मान लेना ...
जब भी टूटना, अकेले में टूटना ...
की दुनिया ये तमाशा बना देती है ।।

14. ... देख लेना ...

वादे से मुकरने से पहले देख लेना ....
कहीं कोई तेरे इंतजार में ना हो ।।
बेरुखी जताने से कोई टूट जायेगा ....
कहीं कोई तेरे प्यार में ना हो ।।
बस इतना करना कुछ और नहीं...
दफन करने से से पहले नब्ज देख लेना ...
वो अदाकार अच्छा है ...
कहीं जिंदा हो... बस किरदार में ना हो ।।

15. ... खफा नही ...

मैं खफा नही हूं, ज़रा उसे बता देना ।
मिलता रहे हमसे, ज़रा उसको समझा देना ।।
मैं उसके गमों में शरीक रहूंगा पर...
मेरी तकलीफे ना उसको बता देना ।।
माना जिंदगी एक कागज़ की कश्ती है...
बस...
आजमाने के लिए इसे तूफानों में मैं ना बहा देना ।।

16. ... बस हो गया ...

बस हो गया...
किनारे सारे अब बवाल रख ।।
कुछ मत कह किसी से...
चाहे आंखे अपनी थोड़ी लाल रख ।।
दोस्ती, दुश्मनी... प्यार, मोहोब्बत...
सब भूल जा... बस भूल ही जा ।।
जिंदा है तू अभी मारा नहीं हैं...
भूल मत ... इतना खयाल रख ।।

17. ... कम ...

अब मैं थोड़ा मुस्कुराता कम हूं।।
हाल अपना किसी को भी बताता कम हूं ।।
अब नही मिलता किसी से,
कोई मिलने को बुलाता भी नही...
गर कभी कोई बुला भी ले,
तो भी मैं मिलने जाता कम हूं।।
ऐसा नहीं की साथ दोस्तो का नहीं चाहिए हमको ...
बस...
बस अब अब हक़ जताता कम... बहुत कम हूं ।।

18. ... सुधार गया ...

दो ही गवाह थे मेरी सच्चाई के ...
एक वक्त था ... वो गुजर गया ।।
एक दोस्त था ... वो मुकर गया ।।
लड़ रहा था, लड़ रहा हू...
सबसे, खुद से भी ।।
मानता हूं, पहले बिगड़ा हुआ था मैं थोड़ा सा ...
पर मान लो अब, मैं अब बिल्कुल सुधार गया ।।

19. ... क्यों नही ...

मुझको खोने से कोई कभी...
थोड़ा ही सही... डर क्यों नही जाता ।।
या ऐसा हो,
मैं अपने वादों से मुकर क्यों नहीं जाता ।।
कहां से लाऊं और सब्र मैं यार...
जो बीत गया, वो अब गुजर क्यों नहीं जाता ।।

20. ... सिद्दत से ...

बाकी ना रहे कुछ मलाल दिल में...
तू शिकायते ज़रा सिद्दत से कर ।।
इतना जल्दी खुदा नही मिलता दोस्त...
तू इबादते कुछ मुद्दत और कर ।।
वक्त और नियत एक सी नही रहती,
तेरी तरह हम भी बदल गए है अब तो...
तू उतनी नफरत कर जितनी दोस्ती थी पहले,
पर यार ...
ये नफरतें भी ज़रा मोहब्बत से कर ।।

21. ... क्योंकि ...

बदल गया सारा ज़माना...
हम कुछ पुराने से रहे ।।
अब और नाराजगी क्या रक्खे यार...
हम रूठ जाने से रहे, वो मानने से रहे ।।
अब मिलते हैं दोस्तो से, तो खुश से दिखते है हम...
क्योंकि...
क्योंकि वो हाल पूछने से रहे...
और हम भी बताने से रहे ।।

22. ... कोई तो ...

जो समझाएं नही, बस समझ सके ...
ऐसा कोई तो एक शक्स मिले ।।
सबको लगता है, हम बोलते नही कुछ ...
जो सुन सको तुम, ऐसे कुछ तो लफ़्ज़ मिले ।।
गैरो से भी निपट लेंगे, यकीन है हमको ...
पहले अपनो से तो थोड़ा वक्त मिले ।।

23. ... रिश्ते मर गए ...

वो जिसको हम अपना मानते थे,
आज उनको ही अपना कहने से डर गए ।।
हद से ज्यादा समझते थे हमको,
अब हद से भी शायद गुजर गए ।।
वो अपने जिनके बिना मरना था हमको...
वो लोग तो जिंदा है ...
लेकिन...
लेकिन शायद इस बार रिश्ते मर गए ।।

24. ... अपना गुरूर ...

समझते है, बस जताते नही हैं...
दोस्त है... बताते नही है।।
कुछ ऐसे ही खुद को मनाया हमने ।।
फिर जब टूटे ये भरम, बड़ा दिल दुखा...
पर ऐसे ही खुद को अपनी औकात से मिलाया हमने ।।
अपनो के हाथों में रख दिया हमने अपना गुरूर,
की ऐसे अपना आखरी ज़ेवर भी गवाया हमने ।।

25. ... मान तो सही ...

तेरा अपना हूं... मान तो सही,
होता मैं किसी का बस नाम का नहीं ।।
मेरी सच्चाई, मुझे है मालूम...
टूटते हम किसी के इल्जाम से नहीं।।
पर जाने क्यों....
बिना काम के कोई बात भी करता नही हमसे...
क्या बिना काम के हम किसी काम के नहीं ??

26. ... मशरूफ हूं ...

अभी मशरूफ हूं काफी...
कभी फुरशत में सोचेंगे ।।
की तुझे याद रखने की खातिर ...
क्या क्या भुलाया हमने ।।
अभी मन नहीं है... झगड़ने का...
पर इस मन को रखने को...
खुद को कितना ...
अपने ही मन से गिराया हमने ।।
...
अभी मशरूफ हूं... सच में ।।

27. ... याद मत करना ...

तुम याद करना नही, हम भुला नहीं पाएंगे।
तुम रूठना नही, हम माना नही पाएंगे।
हमारे हालत का खूब तमाशा बनाया हमने,
अब और नही,
तुम कुछ पूछना नही, हम बता नही पाएंगे।।

28. ... मुस्कुराया कर ...

खुद को इतना भी मत बचाया कर...
बारिश हो तो भीग जाया कर ।।
मसरूफियत है हम सब की जिंदगी में...
जब भी वक्त मिले मुस्कुराया कर ।।
जो हुआ वो तो होने गया... जाने भी दे...
हर वक्त खुद को मत आजमाया कर ।।
जब भी वक्त मिले... मुस्कुराया कर ।।

29. ... थोड़ा वक्त तो दो ...

बेइंतिहा जलना पड़ता है पानी से बादल होने को ।
बस ... थोड़ी बेरुखी ही काफी है दिल के घायल होने को
।।
होश में हम बरदाश्त नहीं इस दुनिया को.. जानते है हम ।
इतनी भी क्या जल्दी है सबको ...
यारों थोड़ा वक्त तो दो, पूरा पागल होने को ।।

30. ... ज़िद है ...

कुछ अपनो की याद दिल में संभाल रखनी है.
भूलने की ज़िद तो है, पर ये ज़िद कल पे टाल रखनी है
।।
इतनी पत्थर दिल दुनिया में पत्थर सा ही हो जाऊ...
मन करता है...
पर हमे थोड़ी नमी आंखो में हम बरकरार रखनी है ।।

31. ... हां बदल गए ...

अब किसी के इंतजार में हम रात नहीं करते ।
गलतियां करते हैं... पर साथ नही करते ...
पसंद आ गया जिसको तन्हाइयो में रहना ...
वो लोग किसी से भी मुलाक़ात नहीं करते ॥
हां... बदल गए है हम, पूरी तरह से ...
बोलते सबसे है, पर बात नही करते ॥

32. ... बस खत्म ...

आना जाना क्या...
मिलना मिलाना भी खत्म ।
रूठना मानना क्या ...
हंसना हंसाना भी खत्म।।
बस हो गया, अब और नही ...
दोस्त बनाना क्या...
दुश्मनी निभाना भी खत्म ।।

33. ... क्या उम्मीद कीजिए

...

जिसके अपना होने का गुरूर रखते थे हम ...
हाल तक नहीं पूछता कभी, वो शक्श मेरा ।।
खैर... किससे क्या उम्मीद कीजिए ...
अंधेरों में साथ नहीं रहता जब अक्श मेरा ।।
खुद के लिए ढूंढ रहे है हम... खुद का वक्त ...
कल आधी रात मिला था... भटकता हुआ यहां वहां...
बड़ा नाराज़ लगता था मुझसे वो... वक्त मेरा ।।
बड़ा नाराज़ था ...

34. ... बर्दास्त ...

बर्दास्त हकीकत होती नहीं हमसे ...
बेमतलब के ख्वाब बुना करते हैं।।
हीरे जो किस्मत में थे, खो दिए सब के सब ...
अब बस... कुछ कांच चुना करता हूं।।
खुद से ही बातें हो जाए तो बहुत है आज कल...
लोग वैसे भी कहां सुना करते हैं।।

35. ... बस ...

आंखो में रहा करते थे जाने कितनो की हम ...
अब जाने कितनो की आंखो में खटक रहे हैं ।।
एक वक्त था ... बिना रुके बोल देते थे हम ...
अब .. बात बात पे लफ्ज़ हलक में अटक रहे है ।।
सुना था लोगो के मरने के बाद रूहे भटका करती हैं...
मिले ऐसे लोगो से ...
जिनकी रूहे मर गई कब की, अब भी लोग भटक रहे है
।।

36. ... उम्मीदें ...

रखना उम्मीदें ख़ुद से भी... छोड़ दिया हमने ...
ख़ामोशी को एक कफन सा ओढ़ लिया हमने ।।
जिन रास्तों पे कुछ लोग हमें.. पहचान लिया करते थे ...
उन रास्तों से रुख अपना... बस मोड़ लिया हमने ।।
जब मन करता हैं कुछ कहने का, ख़ुद से कह लेते हैं...
अब ख़ुद से भी कुछ खुल के कहना... छोड़ दिया हमने ।।

37. ... हमारा इंसाफ ...

हो सके तो हमारा इंसाफ कीजिए ...
यूं ना हवाओं को भी हमारे खिलाफ कीजिए ।।
हर बात का इल्जाम हमारे सर डाल कर ...
जाओ... जी लो हमें ज़हन से निकाल कर ।।
हजार खामियां है हममें, माफ कीजिए..
पर जरा अपने आईने को भी तो साफ कीजिए ।।

38. ... रहने दे...

नजर को छीन ले चाहे, नजरिया रहने दे...
तू समंदर होगा बेशक, मुझे बस दरिया रहने दे ।।
इबादत तो करता नहीं मैं, खुदा माफ करे...
इश्क को ही तुझसे मिलने का जरिया रहने दे ।।
मैं सूरज सी आग लिए फिरता हूं सीने में ...
जल जाते हैं मिलने वाले अक्सर,
हो सके उतनी तू दूरियां रहने दे।।

39. ... अर्से बाद ...

कल बहुत अर्से बाद फिर नींद आई ...
फिर एक बिछड़ा हुआ, पुराना सा ख्वाब मिला ।।
कुछ पुराना वक्त, कुछ अधूरी सी बाते भी थी ...
ख़ुद की आंखो में रुका हुआ सा एक सैलाब मिला ।।
फिर ना हिम्मत हुई और सवालों की ...
इस कदर मुख्तसर सा जवाब मिला ।।

40. ... रोज़ ...

रोज़ सुबह होती है, फिर शाम ढलती रहती है ...
एक तेरी तन्हाई ही है ... जो तेरे साथ चलती रहती है ।।
याद रख ..
खुद ही उठाना पड़ता है इस थके टूटे बदन को हमें ...
कोई कन्धा भी नहीं देता, जब तक सांस चलती रहती है
।।

41. ... छोड़ो ...

जिन लोगो में कभी दुनिया देखीं ,
आज उनको ही देखने का जी नहीं करता ...
वो कैसे मुझे बस यूँ ही छोड़ेगे,
अब फिर से वो सब सहने को जी नहीं करता ...
की जिनकी बातों से ज़िन्दगी यूँ ही हंस जाती थी,
अब उनको ही सुनने का जी नहीं करता ...
कहते है, चलो फिर सब यार साथ बैठेंगे ,
क्या हुआ ?? खो दिया तुमने मुझे भी ??
छोड़ो ...
की अब और कुछ खोने का जी नहीं करता।

42. ... दिल से ...

दीजियेगा जी भर के बद्दुआ हमको...
गर मर गए ... तो शुक्रिया आपका ।।

43. ... इतना जान लो ...

मुख्तसर सी ज़िन्दगी,
मुख्तसर से ख्वाब है ...
हम तो हम से भी नहीं मिलते,
आप तो फिर भी आप हैं।
कहना कुछ मुश्किल सा है,
शायद कह भी ना पाऊं ...
पर इतना जान लो,
इश्क़ है... बेपनाह है, बेहिसाब है।

44. ... ज़ज़बात ...

रोने नहीं देते,
हंसने नहीं देते ,
ये ज़माने वाले,
हमे हम का भी होने नहीं देते ,
सोचता हूँ कही जाऊं ,
और खुद को ही भूल आऊं ,
पर ये कम्बखत ज़ज़बात हैं,
जो हमको खोने भी नहीं देते।।

45. ... पड़ता है ...

ज़ज़्बातों को सब से छुपाना पड़ता है ,
दिल रोता है, हमको मुस्कुराना पड़ता है।।
कुछ अपने है इस पत्थर दिल दुनिया में,
ये भरम भी तो हमने ही पला है ...
खुश नहीं हूँ मैं, इन अपनों को ...
ये भी खुद मुझे ही बताना पड़ता हैं।।

46. ... सुलझा रहा हूँ ...

वक़्त की गुत्थियाँ सुलझा रहा हूँ,
नींदे और दुशवार करता जा रहा हूँ।
अहम् को जब से गिरवी रख दिया हैं,
खुद के सिवा सबको खुश रख पा रहा हूँ।
वैसे ... अभी हारा नहीं हूँ दोस्तों,
बस, थोड़ा थक गया हूँ शायद ...
रुक जा रहा हूँ।
आज जाना, क्यों खुद से नफरत सी हो उठी है मुझको...
शायद अब मैं खुद को थोड़ा समझ पा रहा हूँ।

47. ... क्या चाहता है ...

ज़माना क्या चाहता है ,
हमें आ कर बताएं कोई।
हम मुस्कुरा लेंगे सबके लिए ,
हमारे लिए भी कभी मुस्कुराये कोई।
सारे जहाँ के गम हम अपना के बैठे है,
काश हमे भी अपना बनाये कोई।
बहुत पछताया हूँ उस खुदा की इबादत कर के ,
अबास अब और नहीं ...
आ कर हमें अब काफ़िर बनाये कोई।

48. ... एक दिन ...

अभी वक़्त नहीं हैं ,
थोड़ा मशरूफ़ हूँ मैं ...
मिलूंगा ज़िन्दगी तुझे कभी ,
मिलने के लिए भी ...
एक अर्श से जाग रहा हूँ मैं ,
ज़िन्दगी सी काली रातों में ...
सोऊंगा एक दिन चैन से ,
आँखों में कुछ सपने लिए भी ...
रूठे ज़माने को मानना हैं ,
रोते दोस्तों को हँसाना है,
बहुत काम है पर ...
जीऊंगा एक दिन,
मैं अपने लिए भी।

49. ... शायद ...

खुद आंसू बन के अपनी आँखों से बह लेता हूँ ,
महफ़िलो में भी अब मई तनहा रह लेता हूँ...
दर्द इस कदर बढ़ चूका है की...
अब तो इसका एहसास भी नहीं होता,
अब तो बिना जाने ही सारे दर्द मई सेह लेता हूँ।
कुछ अपने चाहिए हमें भी ,
आज ये खुल के कह देता हूँ।
पर कसूर तेरा नहीं है ए दोस्त,
इलज़ाम नहीं कोई तुझ पर ...
शायद नाराज़ रहने का शौक़ हो रखा है हमको ,
तभी तो ,
जब कोई नहीं मिलता तो खुद से ही खफ़ा रह लेता हूँ।

50. ... ख़त्म हुए ...

ख़त्म हुए अश्क़ भी,
कुछ तो दे ... पीने के लिए।
भर गए है पुराने सारे,
फिर नए ज़ख़्म दे सीने के लिए।
हम सबसे अपना ग़म छुपा के हँसते रहेंगे ,
काफ़ी है ? या कुछ और करुँ ख़ुद को सजा देने के लिए।
ख़ुशियाँ तो शायद रास आती नहीं,
कुछ ग़म ही सही।
ज़िंदा हूँ ज़िन्दगी ...
कुछ तो दे हमें जीने के लिए।

51. ... कैद में ...

कैद में हूं तेरे झूठी उम्मीदों में ...
हो सके तो अब तू मेरी रिहाई कर ।।
कौन क्या सोचता हैं, ये भी तू ही सोचेगा क्या ...
सब काम छोड़ के, तू पहले अपने ज़हन की सफाई कर ।।
ज़माने को कोसने से कुछ नहीं हासिल यार ....
दिखावा छोड़, अब तू तस्सली से बेवफाई कर ।।

52. ... बेवजह, बेमतलब ...

कितना वक्त गवाया हमने,
रूठने में... मानने में ।।
खो देते हैं अक्सर सब अपनो को हम,
बेवजह, बेमतलब आजमाने में ।।
फूलों जैसे लोग मिले, पिछले कुछ दिनों के...
खुशबू से अफसाने में।।

53. ... लाजवाब ...

तू मेरे टूटने पे बेवजह गमगीन क्यों हैं..
जो टूटे हैं वो हम नहीं, बस मेरे कुछ छोटे ख्वाब हैं।।
तेरे गुरूर का मान रखा हमने तो चुप रहे..
वरना हर सवाल का पास हमारे मुकम्मल जवाब हैं।।
तोड़ के हमको कहतें हो समेटो खुद को,
खुद को समेटने का सवाल ही नहीं हैं ...
की हम बिखरे ही ऐसे लाजवाब हैं ।।

54. ... वैसे भी ...

समंदर को क्या गम है, बता भी नही सकता ...
खरा है, पर आंखो में भी आ नहीं सकता ।।
तू कहे... तो एक ज़र्रे सा बह जाऊं...
वरना कोई तूफान भी हमें हिला नहीं सकता ।।
तू छोड़ गया हमको तो शिकायत कैसी...
वैसे भी...
हर कोई साथ हमारा निभा नही सकता ।।

55. ... बड़ा नाराज़ था ...

जिसके अपना होने का गुरूर रखते थे हम ...
हाल तक नहीं पूछता कभी, वो शक्श मेरा ।।
खैर... किससे क्या उम्मीद कीजिए ...
अंधेरों में साथ नहीं रहता जब अक्श मेरा ।।
खुद के लिए ढूंढ रहे है हम... खुद का वक्त ...
कल आधी रात मिला था... भटकता हुआ यहां वहां...
बड़ा नाराज़ लगता था मुझसे वो... वक्त मेरा ।।
बड़ा नाराज़ था ...

56. ... चलते हैं ... बस ...

खुद के वजूद से भी बड़ा, गुरूर लिए फिरते है...
अपनी नजरों में ही लोग, रोज संभालते... रोज गिरते है ।।
खुश दिखो तो लाख शिकायते है...
मायूस दिखो तो बात तक करने से मुकरते हैं।।
ये कैसे लोगो के बीच जी रहे है हम, क्या मालूम...
रो दो तो कोई कंधा देने भी नही आता...
मर गए तो लोग हमें कंधो पे लिए फिरते हैं।।

www.ingramcontent.com/pod-product-compliance
Lightning Source LLC
Chambersburg PA
CBHW031333130726
47988CB00007B/3111